Soy lo que me circunda

BELKIS M. MARTE
-REPÚBLICA DOMINICANA-

Editorial: Lamaruca: Gesta Cultural Vitrata
Colección: Saturnia
Serie: Plaquetas Poéticas
Colectivo: Arte Poética Latinoamericana

lamarucagestaculturalvitrata@gmail.com
plaquetaspoeticas@gmail.com
artepoeticalatinoamericana@gmail.com

Junta Editorial:
Mary Ely Marrero-Pérez, Puerto Rico
María Inés Iacometti, Argentina
Aurelio Vidal, Puerto Rico
Álvaro Herazo Pereira, Colombia
Lionel San Vega, Puerto Rico
Maritza Indriago, Venezuela
Adalín Aldana Misath, Colombia

Poeta: Belkis M. Marte, República Dominicana
belkismarte28@gmail.com

Título: Soy lo que me circunda
ISBN: 979-8-8692-8120-3
Año de publicación: 2024
Edición: Primera
Número de plaqueta: 13

Invitación a ser

Lionel A. Sanvega, Puerto Rico

"¿Por qué, tristeza, me acompañas tan seguido?" Aun cuando la desolación y la tristeza a nivel personal y comunitaria son temas centrales en este libro, están matizadas con aperturas a la esperanza. Según esas motivaciones, la poesía de la dominicana Belkis M. Marte tiene decididos los caminos para explorar a fondo lo que aqueja su existencia: lo íntimo y lo social.

El poema inicial de *Soy lo que me circunda* invita a vernos reflejados en su obra poética: "te espejas en mí [...] mi mundo me hace serte". Desde esos versos, nos hace viajar por estaciones del alma: otros en ella. Cada ser que se ha detenido a observar evidencia qué le circunda, aunque sea brevemente.

Se percata de su derredor con la intensidad que siente, pero no juzga la emoción ajena -se concentra en la propia viéndose en los otros- y sin requerir respuestas a las interrogantes que llegan ante lo inesperado. Ejemplo de esto es "Libre albedrío". Comienza con la pregunta vital "¿Estás ahí, Dios?", aunque no pretende un debate teológico. No busca defender o ripostar la existencia de Dios. Concluye con la responsabilidad que viene con esa libertad: es igual de importante ese compromiso de verse y ver a los demás con piedad, exista Dios o no.

El poeta puertorriqueño Kidany Acevedo indica que el poema es un subproducto de la poesía; que la poesía ocurre cuando el lenguaje no es suficiente para expresar qué nos importa. Marte, por su parte, materializa lo que le importa en su necesidad social de escribir. Tiene la intención de observar la experiencia humana sin enjuiciar; como acto reflexivo empático, solidario y autoconceptual.

BELKIS M. MARTE
-REPÚBLICA DOMINICANA-

Es gestora cultural, educadora, poeta, narradora, y licenciada en Ciencias del Comportamiento. Con la ayuda de donantes, crea espacios de lectura para su proyecto *El Tablazo Lee*, a través del cual coloca rincones de lectura en hogares de campos y barrios de su país. Estos espacios forman la Biblioteca Ambulante Belkis M. Marte. Hasta hoy, ha inaugurado 26 rincones de lectura.

En 2024, la Fundación Global Democracia y Desarrollo (Funglode) le otorgó el 2do lugar en el Certamen de Cuentos Juan Bosch por su texto "Escribo". En 2021, fue reconocida por el presidente dominicano, Luis Abinader, con la distinción de Dominicana Destacada en el Extranjero, por la labor que realiza con los niños en campos y barrios de República Dominicana, siendo ejemplo para las comunidades del exterior. Fue reconocida por sus contribuciones literarias en los XXIII Premios de Arte y Cultura Fradique Lizardo de 2019 en San Cristóbal.

Sus publicaciones son: *Memorias de mi infancia, My Childhood Memories. De ti depende el color de la noche, You Choose the Color of the Night, Por si no amanece, In Case Dawn Never Comes, El Girasol haragán, The Lazy Sunflower, Banana y Zanahoria sueñan ser libres, Banana & Carrot Dream of Freedom, Una chiquita gigante/A Giant Little Girl, Aire y Árbol/Air and Tree.* Como embajadora en Arte Poética Latinoamericana, se une al Proyecto PLAQUETAS POÉTICAS de APL y Lamaruca: Gesta Cultural vitrata con su poemario *Soy lo que me circunda.*

Soy lo que me circunda

Yo, soy muchas, por ende, soy más.
Soy lo que arrastro en el alma,
aprendiz de todos.
Aunque no quiera serte, te soy.
Te espejas en mí.

La vida, como a ti, me hizo.
Esculpida, hecha desde ras.
El aire que aspira mis pulmones
bailó en los tuyos.
Si me voy de mí,
de seguro me quedo en ti,

en la realidad de tu experiencia,
en la guerra de mi olvido,
y en el palpitar de tus días.

Soy todo lo que me pasa,
la sonrisa recibida,
las patadas, los tormentos,
los abrazos bien ceñidos,
y los dardos... directo a mis ojos.

Soy lo que aprendí por mí.
estoy hecha de coraje,
de golpes, de viajes, de amor.

Mi niñez aplaudió tu inocencia,
mi juventud tu rebeldía,
tu madurez me hizo sabia,
adiestrándome a contar.

Mi gente y sus demonios,
se hilan en mis letras.

Me atrapa la esencia del recuerdo,
la emoción y el drama
me sostienen.
De mi historia, eres el néctar.

Es posible un mundo propio
cuando te enredo en mi lápiz,
enletrándote en mis manos,
 hacia la eternidad.

Cuando lo que eres se esfume,
con el olor del pasado,
así y entonces todavía
estarás en mí,
porque estás en mi mundo,
y mi mundo me hace serte.

La verdulera

La verdulera lleva sobre los hombros
el futuro de sus hijos.
En sus manos,
la salvación del mundo.

Soporta un árbol de dolor
que, orgullosa,
eleva sobre su cabeza
para alimentar a los suyos
con frutos que brotan de sus llagas.

Ella soy yo,
tú eres ella.

Llevo en mí a la verdulera,
la fuerza que me invade,
que pide superarme
No, no es mía, es de ella.

Sin cansarse,
sube la loma para cortar los frutos
que alimentan al pueblo.

Por ella, soy yo quien soy…
Y tú, quien eres.

A la verdulera
se le acuesta el sol
con las manos en la tierra
y le despunta el alba
en el mercado.

Consigue para la sal,
el arroz y los frijoles;
de ella dependen todos.

Anda pueblo arriba,
pueblo abajo,
con sus chancletas
de goma que se queman con el sol.

Antes de llegar al campo,
debe venderlo todo:
le vende al pobre, al rico,
y le regala al mendigo.

La verdulera llegó.
La verdulera se va.

"Venga, señora, que me queda uno".
"Venga, mi mai, que ya me voy".

Retazos

Gota a gota la lejanía se inserta en mi rutina.
Su ausencia es lluvia que me toca.
Intento ignorarla,
pero es un niño que reclama su juguete.

La ausencia es una distancia extraña:
me acerca al pasado que aún sangra.
Hurga en mi cabeza.
Me devuelve una falsa promesa,
que mi mente, cándida, acaricia.

Atestiguo retazos de pasado
cuando miro hacia el recuerdo.
Estrellas resplandecientes
se columpian en mis noches
iluminando mi ahora.

Mi voluntad suelta sus cadenas,
libera mis sentidos.
El pasado y su pasión me embocan,
raptan mis versos,
se adentran en mis libros
cuando por sus ventanas intento escapar.

Estas imágenes intrusas me inquietan,
como periódico viejo y sus noticias,
que no quiero recordar.

Traen colores, quejidos,
y muecas que cosquillean mi sonrisa.
Imágenes que un día fueron ciertas,
pero no hay jardín sin espinas.

El amor me espía.
Tengo miedo al regreso,
a la impotencia, a la tortura,
al te amo a conveniencia,
a la mentira, al martirio,
Al te mato de a poquito
a pellizcos.

Esquivo, cierro mi pecho.
Me ordeno: ¡No más!
Pero… me aprietas, no sueltas.
Con premura,
mi calor y el tuyo
desatan el nudo que me aprisiona.
Entonces me pierdo.

Otra vez, naces, creces,
hieres, te desvaneces y te vas
dejándome de nuevo ajada.

Respiro.
Pasa el tiempo.
Regresa esa llovizna fresca
que sé que trae la tormenta,
con hojas, ramas, troncos y muerte.
Como arenilla que lastima un ojo.
Y yo, a sabiendas,
de nuevo meto mi pie en el zapato,
porque deseo la rosa, aunque
una a una, a solas,
del alma me toque desenterrar las espinas.

Secretos huérfanos

Imposible vivir con cerraduras
si nos consta que la muerte nos acecha.
Vivir, vivir el susto de
en cualquier momento desvidarse,
dejando todo amparado bajo el cielo.

Esparcidos todos los secretos
fuera de la noche que los cubre.
Huérfanos, sin nadie que los cuide.
Resbalando, resbalando.
Huyéndole a la plebe,
con miedo de algún músculo asesino
que sin un hueso los triture,
volviéndolos esclavos de la gente.

La casa

La casa vuela en la añoranza,
sin consuelo.
Se asienta en la sala del destino,
pensativa.

No encuentra escándalos de risa
donde posar los gemidos
que taladran
la pérdida de su techo.

Sus ventanas se aferran
al amable recorrido del viento
que la embarca en recuerdos
danzantes
sobre el brillo de su piso.

La casa gime ante el frío penetrante
por sus moradores idos.
Le regresa un dulce aroma
soplando historias de amigos,
nietos, prole.

Un jardín de arena
atormenta las sonrisas escondidas
dentro de un arroyo seco de flores
con espigas de recuerdos moribundos
y sonidos que danzan nombres sordos.

La puerta abierta a la soledad
deja entrar el sol de la esperanza.
La vieja casa cura ella misma
el desuso de sus rincones fríos.

El desamparo de sus huéspedes
borrados de su sombra
entristecen su presente.
Su timbre está maquillado de polvo.

Los dibujos ennietados
sobre su aliento y
los abrazos de los juegos de los hijos,
de los hijos de sus hijos,
han borrado sus colores.

El aroma del café solo se envuelve
en la taza de una mano temblorosa
que aspira entre arrugas
la amargura de un: "se fueron".

La casa ya no es ni un verso
del tararear de la abuela,
ni un silbido de su arrullo.

Ya nadie husmea en su cocina
ni se entrega al aroma
que flota por sus pasillos.

Pero... ella sabe, está segura,
por las ranuras que el tiempo
ha abierto en la caoba de su puerta.
Cuando se derrumbe,
todos llevarán flores a su fundo.

Estruendo

Un rugir desgarró mi pueblo
talando vidas como ramas secas.
El dolor cubrió los corazones
y un humo negro atardecer
nos apretó en un abrazo
de hombros caídos.

La tristeza se mudó a las almas.
Quisimos cerrar puertas y ventanas,
pero la impotencia nos ató las manos.

La tragedia cruzó
rasgando calles.
Hizo un zumo de cemento,
hogares, carros, gente....
Colección de escombros que se
incrustó en cada alma de mi pueblo.

A la distancia
le alcanzó el grito de huesos
mordiendo la boca de los perros
que escarbaban las ruinas
de vidas deshechas.

Observo la angustia que se palpa
en los rostros desolados de mi pueblo.
Descubren la ausencia de cuerpos de padres,
hermanos, amigos,
vecinos y desconocidos
en espera de encontrar
a sus dolientes.

El viento se elevó,
recogió las almas que flotaban
para pasearlas por su pueblo
en una despedida triste
de color grisáceo.

De los ojos rebosaban
fuentes de dolor.

En ocasiones el infierno acecha de lejos,
pero, a veces, el maldito
se atreve a visitarnos.

La sonrisa de las hienas

Tendida en el manto de tus ojos
vi la calma abonando mi esperanza.
Azul tierra, mi alma envenenada
en busca de respuestas, vaga.

Luna, confidente de mis sueños,
corta el sin fin de este derrumbe.
Por el embrujo que tiembla en nuestro
encuentro rompe el ala a la maldad.
¡Corta su vuelo!

Susurra algún conjuro en sus encantos.
Acecha la sombra que destierra,
la amenaza de la muerte está en sus huellas.
¡Estruendos palpitan, arrastran, matan!

Ella es jardín de flores chamuscadas,
su belleza impera en cada rama
que colapsa ante el machete erguido.
¡Cercena sus columnas, púdrele las llagas!

Ciega cada jaula que la encierra.
Nadie entiende el entierro de esas venas
que sueñan montañas y esculpen cadenas.
Hoy el pájaro le teme
no se atreve a susurrar primaveras.

En el susto de esta vida rota
navego las aguas del tiempo, me atormento.
Dibujo un futuro en mi mosaico,
lo enjaulo en una grieta,
justo allí, donde claudica el viento.

Luna, abrázala, aunque quiebres
el rasgar de sus mentiras.
De nuevo, se reunirán las migajas,
con cintas de lucha, versos rotos…
Remendaré lo que quede
de la tintura que nos unió
las venas.

La historia con que cree que es abonada
son huestes que danzan sobre clavos,
telarañas, dientes, huesos, cráneos,
y uñas rotas que rasgaron alientos.

Recordad que la belleza y la fealdad
se ven en el mismo espejo.
Y, la luna, por común que la piensen,
se adormece siempre
allende el vino de los poetas.

Rescate

Si no fuera por ti, yo no sería.
Has zanjado hondo entre mis restos
para salvar mi aliento del destierro.
Has llegado a tiempo, justo a tiempo,
para rociar frescas prosas sobre mis llagas.

Abrazaste mi existencia, mi dolor,
sacando de raíz, de mis adentros,
la muerte que acechaba.
Sin saberlo, poco a poco,
has soltado los nudos de mis sueños
con ideas, letras, versos e ilusiones.
Yo aflicción, tú, auxilio del aliento.

Me ungiste, me salvaste de los días,
Has esparcido al universo lo que soy,
sin esconder lo cruel de mi pasado.
Hoy, palabras alfombran mis senderos.
En mi alma no hay silencio,
solo versos.

Cuando el tiempo no era amigo,
fuiste drama, respirar para mi angustia.
Has borrado el dolor de mis martirios,
redactando con la tinta de mis noches
mis sucesos, con cadencia.

Desde entonces te idolatro, consejera poesía.

Persecución

¿Por qué, tristeza,
me acompañas tan seguido?
Estás hasta en la lluvia
que intenta refrescarme.
¡No busco tu compañía!

Torturas mis tardes con tu presencia.
¡Aléjate!
Te encuentro sin buscarte.
¡Me asustas!
Eres fiera que desgarra.

Te atrapo…
Sin correr…
Detrás de ti…

Me vences con tal forma de amarme.
Habitas los rincones de mi alma.
¡No me quieras tanto!

Te veo en la cara
de los rostros que se ausentan.
Te asomas por mi ventana,
me acechas, te ríes, te burlas.
¿Porqué, Tristeza?, ¿Por qué?

Ve conforme

Te fuiste serena cual pájaro libre
dejando en mis ojos cristales mojados.
Tu cara de ausencia, tu risa sin ruido
dieron a mi alma un brillo apagado.

No sé si correr detrás de tus restos
o guardar profundo el amor que dejas
marcado en mi alma
trenzada en mis letras tu ausencia.

Un ser que se marcha, quedándose.
Dejando en la casa su aroma.
Su rostro en la puerta que abre temprano.
Su beso en mi rostro,
en mi pelo sus huellas.
La enseñanza en mi alma
rasgos en sus nietos.

Ve conforme al cielo.
Muy pronto te alcanzo.

Tu última mirada

Septiembre despertaba por segunda vez
y la frase: "dos días como máximo",
irrumpió en mis tímpanos, desgarrándolos.

La sabia acomodada en tus senderos
descansaba como campo en la mañana,
su fluir lento, dio color a tus otoñales ramas.
La agonía de tu cuerpo era evidente.

El casi adiós se paseaba por el aire
con una tristeza que se acurrucaba en los
frutos de tu carne.
Perdía poder la esperanza.

La pena se paseaba por las almas,
La paz se esfumó de tu aposento.
Tus ojos se perdieron en un éxtasis nublado,
buscaban libertad en la luz del infinito.

Tu aliento entrecortado
se paseó por los recuerdos,
adorno de las paredes.

Tu legado florecía por todos lados,
los prados que sembraste,
los jardines que regaste,
los árboles y sus frutos,
enlazaban oraciones en diademas,
para adornar tu partida.

Mariposas de colores
se paseaban sobre ti
en discursos de perdón,
gracias y llanto

de lejanos y cercanos.

Una leve brisa acariciaba,
entraba y salía delirante de tu cauce
silbando un viento lento
que arrancaba como lastre
el aliento de tu cuerpo.

Tus ojos se abrieron buscando vuelo
con alas que se batían como tambores.
Tu mirada recorrió mi universo con calma,
azuzando mi dolor.

Mis manos, aunque atadas a las tuyas,
no impidieron que te fueras.
Tus dedos perdieron fuerza
entre los míos.

Nuestro amor lo sellaste
con el honor de un regalo
estampado en la niña de mis ojos.

Tu última mirada se quedó conmigo.

La manta de mamá

La manta de mamá
se tejió entre anhelo campesino.
Su hilo serpenteó por el campo
entre raíces de mata de café
y fruto de sendero.

Desbordó el arroyo
aterrizando en el río
con tenor de enormes olas.
Su cobija tejió cauce entre los sueños.

Voló alto la vida en la manta de mi mami
con sus alas soñadoras como las de Juan Gaviota.
La aguja cayó y se incorporó
cogiendo brillo en cada intento
puntada a puntada se hacía el color a su frazada.

Entrelazó hilos de incansables texturas.
Le dibujó mariposas con pétalos de risas
y, en cada pliegue cosió el amor.
Se enmaraña la existencia como viña
descifrándose en la siesta junto a un árbol.

Hundió y resurgió la magia
en la manta de mamá. Dejando rastros
marcados de alma, en las almas.
Su futuro con diademas se zurció
cosechando corazones que salpican vida
con miradas de ojos verdes, y marrones y felices,
en cada escena que germina.

El cobertor de mamá lleva golpes en sus líneas,
pespunteando lágrimas y penas.
Se nutría con valores su destino,

gratitud a la tierra y a la vida.
Entra la aguja en sus quehaceres.
Teje el hilo en cada retoño de su vientre.
Remienda, rebobina, crea.

La manta de mi madre lleva cuadros
de alegría y puntos que desbocan
en adornos desgarrados.
Fue zurcida muchas veces,
borrando cicatrices.
Se diluye poco a poco
hilando y deshilando el trayecto de sus días.

Ahora zurce la esperanza que desciende sin
remedios.
Sus manos temblorosas
remiendan la libertad.
El abrigo ya raído de mi madre quiere vuelo,
tapiza con su tierra el arrullo de los suyos, se diluye.
Sus hilos se deshacen de la vida.
Entra y sale la aguja descifrando
la razón y los porqués.

La manta de mi santa madre,
lleva vida en el grosor.
Conforme, muy conforme con su haber.
En ella no hay puntada oculta.

Dobladillos rezan, ¡Resistencia!
en cada recuerdo que se deshebra
o cada hilo que se suelta
surge el olor de su tierra.

La manta se descose en cada frío que deshiela;
se esconde tras su mente, apaga el hoy.
Mezcla hilos del ayer con el presente.

Los pinta, los trenza, los liga en confusión.

La manta de mi madre se conforma
con doblarse en la terraza de su casa,
balancearse en los guanos desflecados,
saludar a los que pasan.
Zurcir los recuerdos que les trae el viento.

Su manta es la historia que cobija mi razón.
Las manos de mi madre ya no tejen más.

Libre albedrío

¿Estás ahí, Dios?
¡Se ha volcado tu mundo!
Las flores sangran,
los árboles se esfuman.
Los hermanos se matan, y tú miras.

¿Estás ahí?

Arde el Amazonas.
A diario matan a Junior.
¿Por qué?
¿Qué ha pasado con el paraíso?
No me digas que Eva…
No me digas que Adán…

¿De verdad me ves?

El hermano mata a su hermano
por no estar a su altura.

¡La justicia se escapa!

Tal vez por un instante
te dormiste.
Nos dejaste solos.

La tentación anda suelta.
El amor desaparece.
No conozco a mi vecino.
Tomo mi café amargo.

¿Qué está pasando, Dios?
Me diste libre albedrío.
Filosa espada en mis manos.

Ya no más

Cuando recobre mis fuerzas,
destejeré mis labios de tus besos.
Voy a arrancar tu piel de mis hombros
para salvar lo que queda de este infierno.

Uno por uno reuniré mis huesos.
Los separaré de tus libros entreabiertos
para guardarlos en la pizca
de orgullo que me queda.

Ataré mis ojos al árbol más alto
para que mire siempre sobre tu cabeza
y se olvide de la miel tinta de tus ojos.

Mañana, mi copa amanecerá sin hiel
porque hoy, por fin le extirparé
el amargo a mi desdicha.

Quiero ser como tú

Cuando crezca, quiero ser como tú:
Lameré mi pulgar
y plancharé las cejas de mis hijos.
Regañaré a su madre
por hacerlos comer todo del plato.
Los llevaré de la mano a un futuro valioso.
Me pareceré más a ti que mis hermanos.
Lucharé por copiar paso a paso lo que eres.
Eres mi padre, y yo tu reflejo.

Tomaré de ese líquido que tomas
para estar contento todo el tiempo.
Ignoraré los reclamos de mi esposa
como lo haces tú cuando mi madre llora.

Sí, mi madre llora porque la ignoras.
Llora porque me llevas contigo a ese lugar
que ella no quiere.
Pero… yo quiero ir,
quiero aprender con mi maestro.
Mi madre llora y me entristece.
Quiero que sonría como antes
cuando no tomabas todo el tiempo.
Cuando crezca, yo quiero ser como tú, papá.

Soy lo que me circunda

Índice